AF358162

VENTE
AUX ENCHÈRES PUBLIQUES
HOTEL DROUOT - SALLE N° 11
Le Lundi 24 Février 1913
A 2 HEURES

OBJETS D'ART DE LA PERSE

MANUSCRITS & MINIATURES
ANCIENNES
Faiences Emaillées
BRONZES & CUIVRES
TAPIS ET ÉTOFFES
Objets divers

Mᶜ E. BOUDIN	**M. J. ENKIRI**
COMMISSAIRE-PRISEUR	EXPERT
14, Rue Grange-Batelière	*46, Rue de Grenelle*

EXPOSITION PARTICULIÈRE
Chez M. ENKIRI, du 20 au 22 Février, de 2 h. à 6 heures

EXPOSITION PUBLIQUE
Hôtel Drouot, Salle n° 11, le Dimanche 23 Février, de 2 h. à 6 h.

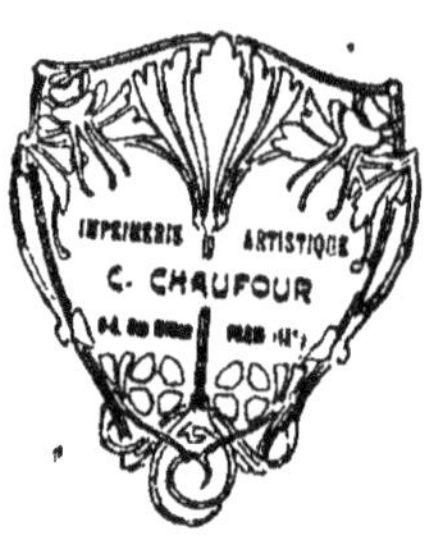

CONDITIONS DE LA VENTE

Elle sera faite au comptant.

Les acquéreurs payeront *dix pour cent* en sus des enchères.

L'exposition mettant le public à même de se rendre compte de l'état des objets, il ne sera admis aucune réclamation une fois l'adjudication prononcée.

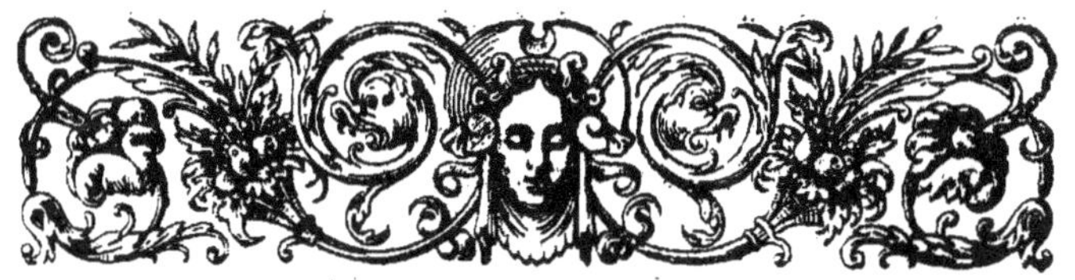

MINIATURES PERSANES

ENCADRÉES

1 — Miniature polychrome xviiie siècle : « Dans un jardin,
le Cheik Sanhaan (prêtre musulman) désobéit à la loi
du Coran et boit du vin pour l'amour d'une Européenne habillée en persane. »

> Jolie bordure.

2 — Miniature polychrome xviiie siècle. « Dans un jardin
le prêtre Sanhaan pour l'amour d'une Européenne,
boit du vin, liqueur défendue par le Coran. »

> Jolie bordure.

3 — Miniature noire xviiie siècle : La formule sacramen-
telle : « Bismillahi el rahman el rahime » formant un
oiseau.

> Pièce intéressante.

4 — Miniature grisaille : Femme assise et prenant du
vin.

5 — Belle miniature polychrome xve siècle : Roustam en
guerre contre Affraniabe.

> Sino-persane.

6 — Belle miniature du xviie siècle polychrome : « Leila
donne à manger à Maynoun assis sous un saule-
pleureur. »

> Jolie bordure.

7 — Belle miniature polychrome du xviii⁰ siècle : « Bouquet de fleurs, gazelle et oiseau. »

8 — Miniature grisaille : Prêtre persan en prière.

9 — Un verset du Coran.

Enluminure et bordure.

10 — Belle miniature indo-persane xvii⁰ siècle. « Sur un fond sombre, un roi indou est assis sur une branche d'arbre et reçoit les hommages de deux ambassadeurs orientaux. »

11 — Miniature : Charmeuse de serpent.

12 — Deux miniatures polychromes du xviiie siècle : Un roi rendant la Justice.

13 — Belle miniature polychrome du xvie siècle : Femme drapée tenant un éventail.

14 — Un verset du Coran.

Enluminure et bordure.

15 — Miniature : Un Derviche.

16 — Belle miniature polychrome du xvie siècle : Dans un paysage, quatre prêtres discutent les textes du Coran.

17 — Belle mintature xviie siècle : Buste de jeune femme, inspiration italienne.

18 — Une belle page d'écriture persane du xvie siècle : Chaque ligne en caractères majuscules est d'une couleur différente.

19 — Belle miniature grisaille : Prêtre bénissant un arbre

20 — Belle miniature polychrome xviie siècle : Buste médaillon : Djihan Jir Chah.

21 — Belle miniature polychrome xvi⁰ siècle : Persans en guerre.

22 — Miniature polychrome : Femme étendue sur un coussin.

23 — Belle miniature polychrome xvi⁰ siècle : L'Emir Bouchara en prière; sur le verso, page d'écriture persane.

24 — Belle miniature polychrome xvi⁰ siècle : Bouquet de fleurs, bordure rose; sur le verso, page de belle écriture persane.

25 — Deux miniatures polychromes xviii⁰ siècle : 1⁰ Le roi avec son fils et sa suite; 2⁰ Le roi et la reine écoutent des musiciens.

26 — Miniature polychrome xvi⁰ siècle : Un Scribe.

27 — Belle miniature grisaille : Un derviche et son chien.

28 — Miniature polychrome xvii⁰ siècle : Un seigneur recevant un voyageur.

29 — Belle miniature polychrome du xvi⁰ siècle : Voyage d'une princesse dans un palanquin.

30 — Miniature polychrome : Une dame persane donnant à manger à un paon.

31 — Très belle miniature polychrome xvi⁰ siècle : Persan en prière.

32 — Miniature grisaille : Persan regardant deux oiseaux sur un arbre.

33 — Miniature polychrome : Un roi malade entouré de son médecin et de ses serviteurs.

34 — Miniature polychrome du xviie siècle : Femme persane dans un jardin.

35 — Miniature grisaille : Femme persane voilée.

36 — Deux miniatures polychromes xviiie siècle : Le roi et la reine écoutant la musique. Le roi recevant une ambassade.

37 — Très belle miniature grisaille : Jeune femme persane vêtue d'une robe transparente, elle tresse ses cheveux noirs.

38 — Miniature polychrome xviie siècle. Le roi assis sur son trône, fume le narghilé et écoute ses musiciens.

39 — Miniature grisaille : Un derviche assis.

40 — Miniature polychrome xvie siècle : Le Bourreau suppliciant Maynoun.

Belle bordure dorée, ornée d'animaux sauvages.

41 — Grand certificat de mariage orné d'enluminures.

MANUSCRITS PERSANS

42 — Petit manuscrit persan orné de sept miniatures polychromes : Histoire de Leïla. xviiie siècle.

43 — Manuscrit Saadi, orné de frontispices et d'enluminures, reliure en laque, xviiie siècle.

44 — Manuscrit de prière, orné de frontispices, d'enluminures et de semis d'or.

45 — Manuscrit ancien orné de miniatures, de frontispices et d'enluminures.

46 — Manuscrit : Anwar Souhaïli, orné de frontispices
et d'enluminures.

47 — Un très bel album ancien de douze pages de jolie
écriture persane.

48 — Manuscrit d'astronomie orné de frontispices,
xvie siècle.

49 — Album contenant soixante-et-onze miniatures éro-
tiques persanes.

50 — Beau manuscrit ancien orné de frontispices.
Echlakaat Jalali.

> Date de l'Hégire 1028.

51 — Beau Coran orné de frontispices et d'enluminures.

> Date de l'Hégire 1168.

52 — Beau manuscrit : Khamni Nizani « Les Cinq His-
toires de Leïla Magenoun », orné de dix miniatures
et de plusieurs frontispices, xve siècle.

> Époque de l'Hégire 832.

53 — Manuscrit : Chah Nami ou Histoire de la dynastie
des rois de Perse, orné de dix-sept miniatures et de
plusieurs frontispices, xvie siècle

54 — Manuscrit : Poésies de Hayez Chirasi, orné de trois
frontispices et de plusieurs ornements, xvie siècle.

55 — Manuscrit orné de cinq miniatures et de trois frontispices, couverture en laque. Petit Coran orné de
frontispices, couverture en laque (2 pièces).

56 — Deux manuscrits, un orné de dix miniatures polychromes et d'un frontispice ; l'autre orné de quatre
miniatures polychromes et de deux frontispices.

ÉTOFFES

57 — Tapis de table, fleurs polychromes sur fond rouge, bordure lamée or, doublé. Zed.

58 — Tapis de table, fleurettes bleues et roses sur fond crème, doublé.

59 — Beau tapis de table broderie soie jaune sur fond blanc.

60 — Très beau tapis de table en soie, rayures carrées blanches et bleues sur fond rouge.

61 — Calotte dorée, calotte soie polychrome et sac en soie fond vert (3 pièces).

62 — Calotte dorée, calotte soie polychrsme et petit sac en soie à dééors d'animaux (3 pièces).

63 — Deux calottes brodées : une polychrome, l'autre blanche.

64 — Deux sacs pour dame, l'un à décors de fleurettes rouges et bleues sur fond crème, l'autre avec des rayures bleues, rouges et noires sur fond aubergine.

65 — Sac filet, décor bleu et or sur fond rouge, doublé. Ispahan.

66 — Tapis de table fond rouge brodé, cachemire.

67 — Tapis de table, fleurettes rouges et bleues sur fond or, doublé Ispahan.

68 — Belle étoffe, décor jaune or sur fond noir. Cachan.

69 — Beau tapis de table, bordure fond bleu, doublé. Yezd.

70 — Tapis de samowar, décor bleu et rouge sur fond or, doublé. Ispahan.

71 — Deux étoffes : l'une à décors rouges sur fond or, l'autre à décors polychromes sur fond noir.

72 — Deux étoffes : l'une à décors polychromes sur fond or, l'autre à décor cachemire sur fond blanc.

73 — Très beau tapis de table broderie polychrome sur fond crème.

74 — Deux étoffes : l'une à décors polychromes sur fond rose, (Cachan), l'autre à décors bleus sur fond crème. Ispahan.

75 — Deux étoffes : l'une à décors polychromes sur fond vieux rose, Cachan, l'autre à décors polychromes sur fond or. Ispahan.

76 — Beau tapis de table décor polychrome sur fond bleu foncé, Yezd.

77 — Tapis de samovar, décor polychrome sur fond or, bordure bleue argentée.

78 — Beau tapis de samovar, décor polychrome sur fond crème, bordure bleu foncé ornée de fleurs.

79 — Joli tapis de samovar, broderie soie blanche posée sur étoffe ornée de fleurs.

80 — Etoffes à rayures polychromes sur fond crème.

81 — Tapis de table, décor polychrome quadrille sur fond crème, bordé et doublé, Ispahan.

82 — Etoffe décor polychrome sur fond or, Ispahan.

83 — Beau tapis de table velours rouge sur fond or, bordure décor polychrome sur fond or.

84 — Beau tapis de velours rose bordure polychrome, Cachan.

85 — Tapis de table, décor polychrome sur fond or avec large bordure à décor polychrome sur fond crème.

86 — Belle étoffe, décor rouge et blanc sur fond or.

87 — Trois costumes de dame en soie : l'un à décors polychromes sur fond bleu turquoise pâle; l'autre à décors de fleurettes sur fond or; le troisième à décors bleus et rouges sur fond crême.

88 — Beau tapis de table à bandes et rayures tissés d'or sur fond cerise, doublé, Ispahan.

89-90 — Deux tapis velours, Cachan.

91-92-93 — Trois paires de tapis de prière étoffe imprimée.

94-95 — Trois grands rideaux étoffe imprimée.

FAIENCES POLYCHROMES

ET A REFLETS MÉTALLIQUES

96 — Quatre cruches avec anses, en terre cuite claire.
A diviser.

97 — Deux vases avec anses, émail bleu turquoise.

98 — Vase avec anse, décor noir sur bleu turquoise.

99 — Bol bleu turquoise orné d'une inscription arabe.

100 — Bol décor rayonnant bleu foncé turquoise orné de deux figures humaines.

101 — Élégant vase a col très fin émail bleu turquoise, dessin en relief.

102 — Vase-potiche bleu turquoise.

103 — Vase à deux anses, orné de dessins en relief, émail bleu turquoise.

104 — Vase avec anse décor jaune métallique sur fond crème.

105 — Coupe creuse, décor bleu rayonnant sur fond crème. Irisée.

106 — Coupe creuse, décor jaune métallique, ornée de cinq médaillons à personnages.

107 — Coupe creuse, à reflet métallique jaune sur fond crème à décor d'arbres et personnages.

108 — Coupe à reflets métalliques jaunes sur fond crème à décors d'ornements entrelacés.

109 — Bol à décors rayonnants mauve et bleu turquoise à reflets métalliques avec personnages.

110 — Bol en émail blanc orné de quatre barres bleues.

111 — Gourde à reflets métalliques, décor de feuillages.

112-113 — Deux vases émail bleu turquoise et bleu foncé, orné d'ornements à reflets métalliques.

114 — Brik émail bleu turquoise.

115 — Deux carreaux émail bleu turquoise, décor animaux.

116 à 119 — Neuf pièces : Une petite lampe faïence, un petit vase, quatre petits animaux et trois petits flacons porcelaine.

120 à 126 — Six pièces faïence : Un grand plat bleu et blanc, deux assiettes bleu et blanc, une assiette bleue et noire, un narghilé et un plat vert céladon.

127 à 134 — Sept pièces faïence : Un grand plat Japon, un petit aspersoir Japon, deux petits flacons Japon, une aiguière porcelaine de Chine, deux vases faïence de Perse, une assiette faïence Russe, et un grand plat Hispano-Mauresque.

Ce lot pourra être divisé.

OBJETS DIVERS

135 à 140 — Neuf pièces : Trois poudrières en ancien acier de Perse, deux poudrières bronze et corne de Perse, petit pistolet incrusté d'or, kandjar fourreau en argent, kandjar persan manche ivoire et un brasero espagnol.

141 — Six pièces en cuivre persan émaillé, ciselé et orné de turquoises.

142 — Deux paires de babouches.

143 — Trois petits vases en matière dure.

144 — Huit pièces bronze : deux plateaux ciselés, un grand vase bosselé, deux gargoulettes, deux bols et une petite lampe.

145 — Un kandjar avec fourreau.

146 — Coupe en bronze à trois pieds.

147 — Lampe haute à trois pieds en bronze.

148 — Joli cadre de miroir en bois incrusté d'ivoire.

149 — Trois chapelets en ivoire ajouré, corail, ambre et matières dures. Travail chinois.

150 à 160 — Dix pièces faïence persane : Six potiches et quatre vases divers. (Seront vendus séparément.)

TAPIS

161 à 177 — Dix-sept tapis de Perse, Smyrne, Bouchara, Koula et autres. (Seront vendus séparément.)

178 — Objets omis.

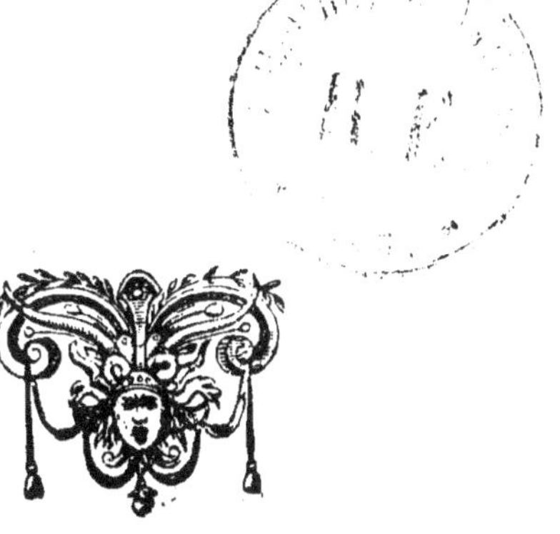

www.ingramcontent.com/pod-product-compliance
Lightning Source LLC
LaVergne TN
LVHW010830180726
843502LV00009B/3533